100 blagu

Blagues ...

Faits cocasses

Charades

Illustrations :
Dominique Pelletier

Compilation :
Julie Lavoie

Éditions
SCHOLASTIC

100 blagues! Et plus…
N° 23
© Éditions Scholastic, 2009
Tous droits réservés
Dépôt légal : 1er trimestre 2009

ISBN-10 0-545-98741-5
ISBN-13 978-0-545-98741-7
Imprimé au Canada

Éditions Scholastic
604, rue King Ouest
Toronto (Ontario)
M5V 1E1
www.scholastic.ca/editions

Le cricket est un sport d'équipe pratiqué en Europe depuis plusieurs siècles. Autrefois, une partie pouvait durer cinq jours! Aujourd'hui, pour attirer les spectateurs, on limite la durée d'une partie à 6 heures… On appelle parfois l'uniforme des joueurs « pyjama de cricket »…

Mon premier est le contraire de dur.
Mon second fait voler les cerfs-volants.
Mon tout n'est pas stable.

QUEL LÉGUME RATE TOUJOURS
SON COUP?
RÉPONSE : LA PATATE.

En Autriche, des chercheurs ont fait une étude sur le « visage » des automobiles. Les phares et la grille du radiateur représentent selon eux les yeux et la bouche. Selon l'apparence, on peut ainsi déterminer l'expression d'une voiture. Ta voiture préférée est-elle amicale ou agressive?

Mon premier est une partie du corps de la vache, celle qui permet de traire l'animal.

Mon deuxième est la somme de 50 + 50.
Tu dors sur mon troisième.

Mon tout pousse souvent sur les pelouses.

-Tu ne peux pas envoyer ce paquet par la poste, explique une maman à sa petite fille. Ta boîte est beaucoup trop lourde et il te faudra mettre plusieurs timbres…

- Mais maman, si je mets plusieurs timbres, la boîte sera encore plus lourde…

Mon premier est un plat chaud avec du bouillon, servi dans un bol.

Mon second est la journée qui précède aujourd'hui.

Mon tout est un récipient pour servir mon premier.

Marielle veut s'acheter une nouvelle robe pour le travail. Elle entre dans la cabine d'essayage d'une boutique tandis que sa meilleure amie et une vendeuse lui apportent des robes de différentes tailles et de différents styles.

- Celle-ci est trop petite, déclare la vendeuse.

- La jaune ne te va pas du tout, dit l'amie de Marielle.

- L'autre est trop longue, commente la vendeuse.

Marielle essaie une quinzaine de robes, mais aucune ne lui plaît. Elle se rhabille et sort de la cabine d'essayage. La vendeuse s'exclame alors :

- Celle-ci ne vous va pas du tout. Je dirais même que c'est la pire de toutes!

Éric est étendu sur son lit. Tout à coup, une petite brise se lève, puis le vent se met à souffler de plus en plus fort. Bientôt, c'est la tornade! Il crie :

- Maman! À l'aide!

- Peux-tu arrêter le ventilateur s'il te plaît? répond sa mère.

POURQUOI MARIANNE N'EST-ELLE PAS ALLÉE À LA FÊTE D'ANNIVERSAIRE DE MARC-ANDRÉ?

RÉPONSE : IL ÉTAIT ÉCRIT DE 3 À 6 SUR L'INVITATION ET MARIANNE A 7 ANS.

La plus petite jument au monde vit dans l'État du Missouri, aux États-Unis. Elle est de la taille d'un chien! C'est pourquoi elle ne dort pas dans une étable, mais dans une niche...

Pour divertir ses deux garçons, une maman leur propose de jouer à « ni oui ni non ».

- Je pose les questions et vous ne devez jamais répondre par oui ou par non, explique-t-elle. Voici ma première question : Aimez-vous jouer au soccer?

- J'adore! répond le plus grand.

- Ouuueeen..., dit le plus jeune.

La plupart des chauves-souris doivent se laisser tomber dans le vide pour prendre leur envol.

Il a fallu plus d'un mois à l'inventeur du cube Rubik pour réussir son casse-tête.

En 1985, le cube Rubik était si populaire qu'une personne sur cinq dans le monde en possédait un. Les gens étaient fascinés, voire même obsédés, par ce jeu.

Trois hommes vont manger des beignes dans un café. L'un d'eux propose de faire un concours : celui qui mange le plus de beignes gagne. Les deux premiers en mangent 8 chacun. Après quelques minutes, le troisième n'a toujours rien avalé…

- Les gars, je n'ai vraiment pas faim, explique-t-il. Mais j'aimerais quand même participer au concours… Est-ce que je peux prendre des Froot Loops à la place des beignes?

FRANCIS
SAINT-GEORGES-
DE-BEAUCE, QUÉBEC

Mon premier est la couleur obtenue
en mélangeant du jaune et du bleu.

Mon second est le contraire de mou.

Mon tout pousse.

• •

- Docteur, il y a environ six mois,
vous m'aviez suggéré d'éviter le savon
pour guérir ma peau sèche.

- Oui, je m'en souviens très bien. Et
votre peau est-elle moins sèche?
demande-t-il.

- Ça va beaucoup mieux, docteur,
mais croyez-vous que je puisse prendre
un bain maintenant...

Une boîte de thon s'adresse à son voisin sur la tablette :

- Allô! dit-elle.

- Non, à l'huile!

••

- Tu me rappelles une vedette de cinéma, dit Pascal à Louise.

- C'est vrai! dit fièrement la fillette. Est-ce que je peux savoir qui?

- Connais-tu Cruella dans les 101 Dalmatiens?

Vrai ou fou?

1- Perséides est le nom donné à certaines étoiles filantes.

2- Un galibot est un outil qui sert à sculpter le bois.

3- Une jangada est une danse énergique de l'Argentine.

Solutions à la page 108

Le sac à main le plus cher au monde!
Une entreprise de mode prestigieuse a
mis sur le marché un sac à main coûtant
plus de 50 000 $! Les sacs, offerts en
quantité limitée, ont tous été vendus
avant même d'arriver sur les tablettes
des magasins...

En lisant le journal, une femme apprend que la majorité des accidents surviennent lorsque les automobilistes sont à quelques kilomètres seulement de leur maison.

- Il est temps de déménager! lance la femme à son mari.

QUELLE SORTE DE LÉGUMINEUSE A LA MEILLEURE VUE?

RÉPONSE : LA LENTILLE.

Toc! Toc! Toc!
- Qui est là?
- Chou!
- Chou qui?
- Chou-fleur! Le légume le plus galant du coin!

Toc! Toc! Toc!
- Qui est là?
- Cuiller!
- Cuiller qui?
- Cuiller à thé, l'ustensile qui ne croit en rien (athée).

Ceux qui n'ont pas la piqûre du sport pourront peut-être prendre la « pilule du sport »... Des chercheurs américains sont en train de mettre au point un médicament qui reproduit l'effet d'une bonne dose d'exercice physique.

QUELS FERS LES CHEVAUX
CRAIGNENT-ILS?

RÉPONSE : À REPASSER ET À
FRISER...

Mon premier est la 16e lettre de
l'alphabet.
Mon second est le contraire de tôt.
Mon tout fait du bruit.

Il faut environ 30 litres d'eau potable pour laver une voiture avec un seau. Il en faut six fois plus pour le faire avec un tuyau d'arrosage... Compris Roger?

Le miel peut aider à guérir les blessures. Ce délicieux liquide collant empêche les germes de pénétrer dans la plaie. Attention! Pris oralement, ce médicament n'aura aucun effet...

L'enseignante demande à son élève :

- Pourquoi es-tu assis sur le plancher, Dominique?

- Vous avez dit de faire les multiplications sans utiliser nos tables alors…

● ●

Mon premier est la couleur que l'on obtient en mélangeant du jaune et du bleu.

Mon second est la couleur du caramel.

Mon tout sert à fermer une porte.

Sophie est une fillette plutôt turbulente.

- Sophie, tu as eu des punitions tous les jours cette semaine. As-tu quelque chose à dire? demande son père.

- Je suis contente que la semaine soit terminée... répond-elle.

Maxime explique à son petit frère :

- Tu vois, Alex, il est absolument impossible de mettre du jus dans ce verre.

- Pourquoi? demande Alex.

- Tu ne vois pas que le verre est déjà plein jusqu'au bord!

QUEL EST LE SEUL FRUIT QUI PEUT DÉFENDRE UNE CAUSE?
RÉPONSE : L'AVOCAT.

Au cours des prochaines années, les Canadiens délaisseront graduellement les plats préparés peu nutritifs, servis en grosses portions économiques. Ils préféreront acheter des plats cuisinés très nutritifs, en portions plus petites, même s'ils sont plus chers…

Les Canadiens pourraient aussi remplacer les repas complets par le grignotage...

Léa nettoie son ordinateur. Quelques heures plus tard, elle s'aperçoit que son ordinateur est détraqué. Elle appelle le service à la clientèle du fabricant :

- Bonjour, j'ai nettoyé mon ordinateur et maintenant, il est tout détraqué, explique-t-elle.

- Quel produit avez-vous utilisé? demande le préposé.

- Seulement de l'eau et du savon, indique Léa.

- Vous devriez pourtant savoir qu'on ne doit jamais utiliser de l'eau sur un ordinateur!

- Le problème ne venait pas de l'eau, et j'ai très bien rincé le savon... Les choses se sont gâtées quand je l'ai mis dans la sécheuse...

Mon premier est la troisième lettre de l'alphabet.

Mon deuxième est une syllabe du mot cartable qui est aussi dans le mot potager.

Mon troisième est la répétition de mon premier.

Mon tout vit dans l'océan.

POURQUOI LA POULE S'AMUSE-T-ELLE À TRAVERSER LA RUE?

RÉPONSE : ELLE AIME MONTRER QU'ELLE N'EST PAS UNE POULE MOUILLÉE.

La prof de géographie demande à Lina :

- Qu'est-ce qu'une île?

- Une île est une plaque de terre entourée d'eau sauf d'un côté.

- Pourquoi dis-tu « sauf d'un côté »? demande la prof.

- C'est qu'il n'y a pas d'eau sur le dessus…

● ●

Le prof de géographie demande à Sam :

- Sam, que peux-tu dire de la mer Morte?

- Rien. Je ne l'ai pas connue et elle est morte, alors…

Il paraît que chaque fois que l'on court
1 500 m, on ajoute une minute à sa
vie. Pour 15 km, c'est 10 minutes qu'on
rajoute à sa vie. Commence à courir
tout de suite et à épargner tes dollars!
La retraite en forme, ça coûte cher!

Mon premier est la 5e lettre de l'alphabet en commençant par la fin.

Mon deuxième est la 3e voyelle de l'alphabet.

Mon troisième est la 17e lettre de l'alphabet.

Mon quatrième est une syllabe du mot levier qui est aussi dans le mot saleté.

Mon tout permet de se déplacer.

- Je suis assise devant l'ordinateur depuis des heures et je n'ai pas encore vu un seul site Web, dit Charlotte.

- C'est que tu dois être assise en face de l'écran... explique Marie.

• •

Jérôme rapporte son ordinateur neuf au magasin.

- Je viens d'acheter cet ordinateur. Lorsque je l'ai allumé, il faisait un bruit étrange.

- C'était un bruit comme Hum! Hum! Hum!, suppose le vendeur.

- C'est ça! lance Jérôme.

- Avec le temps qu'il fait, votre ordinateur a probablement attrapé un virus...

Mathieu commande une salade au restaurant. Après avoir pris sa première bouchée, il appelle le serveur :

- Monsieur, votre salade goûte drôle, dit-il.

- Pourquoi ne riez-vous pas alors?

• •

- Pourquoi dis-tu à tout le monde que je suis idiot? demande Alex à Francis.

- Excuse-moi, je ne savais pas que c'était un secret...

Mon premier est ce que tu obtiens quand tu as deux cartes pareilles.

Mon deuxième est la partie intérieure du pain.

Mon troisième est le verbe scier conjugué au présent de l'indicatif, à la première personne du pluriel.

Mon tout signifie que tu as le droit.

POURQUOI N'Y A-T-IL PAS DE PROF DE MATHS À LA PLAGE PENDANT L'ÉTÉ?

RÉPONSE : ILS NE PRENNENT PAS DE CONGÉ PARCE QU'ILS ONT TROP DE PROBLÈMES...

- Est-ce que tu te regardes dans le miroir après avoir lavé ton visage? demande Zoé à sa petite sœur.

- Non! Je regarde la serviette, répond la fillette.

• •

- Papa, il y a un homme à la porte, qui a besoin de liquide pour la rénovation de la piscine municipale.

- Très bien, alors donne-lui un verre d'eau...

Quarante personnes ont participé à un marathon de danse en Irlande, en 2006. Cinquante-cinq heures plus tard, 31 personnes étaient toujours sur leurs pieds et dansaient encore!

Un robinet qui fuit? Un robinet mal fermé? Une goutte d'eau à la seconde, c'est tout ce qu'il faut pour gaspiller plus de 25 litres d'eau potable par jour.

Toc! Toc! Toc!
- Qui est là?
- Basile!
- Basile qui?
- Basilic! Le meilleur ami de Tom.

Toc! Toc! Toc!
- Qui est là?
- Tom!
- Tom qui?
- Tomate! Le meilleur ami de Basile.

QU'EST-CE QUI A UN DERRIÈRE SUR LE DESSUS?

RÉPONSE : TES JAMBES.

- Que s'est-il passé? Ma pauvre Pascale, tu es couverte de bleus!

- J'entrais dans un édifice en passant dans la porte tournante et tout à coup, j'ai changé d'idée...

Aux États-Unis dans l'État du Kansas, des centaines de personnes ont aligné des pièces d'un sou dans le but d'amasser des fonds pour l'aménagement d'un parc. En trois jours, ils ont réussi à faire une chaîne de 64 km dans le stationnement d'une école, un record! Les pièces totalisaient plus de 33 000 $!

Mon premier est un rongeur à longue queue.

Mon deuxième est le contraire de vite.

Mon troisième se déguste sur la neige au printemps.

Mon tout est le contraire d'accélérer.

QUELLE SORTE D'ANGES TROUVE-T-ON
DANS LES ARBRES?

RÉPONSE : DES ORANGES.

QU'EST-CE QUE TU OBTIENS SI TU TAPES
L'ADRESSE SUIVANTE À L'ORDINATEUR :
WWW.ABCDEFGHIJKLMNOPQRSTUVWXYZ.COM?

RÉPONSE : UN MAL DE DOIGT.

Sur une courte distance, le lièvre peut courir jusqu'à 75 km/h, ce qui est environ deux fois plus vite que son cousin domestique, le lapin.

Pour la troisième fois de la semaine, une femme se fait réveiller en pleine nuit par l'alarme de la voiture de son voisin. Elle regarde à la fenêtre et voit un homme qui tente de déverrouiller la portière avec un bout de métal. Sans perdre une seconde, elle prend un bâton de baseball et court vers l'homme en le menaçant :

– Ça fait trois fois cette semaine que je suis réveillée à cause de cette voiture! J'en ai assez!

– S'il vous plaît, madame, ne me frappez pas! dit le voleur.

La femme lève son bâton et bang! Elle fracasse la vitre de la portière.

– Dépêchez-vous de filer, que je retourne au lit!

Mon premier est la durée de notre existence, de la naissance à la mort.

Mon deuxième est la 7e consonne de l'alphabet.

Mon troisième est le contraire de rapide.

Mon tout signifie être aux aguets.

Un chihuahua détient le record de petite taille – il mesure environ 15 cm de long! Il peut dormir dans une boîte de mouchoirs!

Une maman mange au restaurant avec son petit garçon.

- Dis-moi, Léo, pourquoi as-tu rentré ton petit pouce dans ton petit pain? Ce n'est pas bien de jouer avec la nourriture.

- Je ne joue pas. C'est toi qui as dit qu'on allait manger sur le pouce!

Un papa se plaint d'un mal de dos depuis plusieurs années. Un soir, son garçon l'entend discuter dans la cuisine avec sa mère. Son père dit qu'il lui faut changer son mal de place... Le petit garçon s'installe alors derrière la porte et, au moment où son père s'apprête à passer, il la ferme avec force.

- Ouch! crie son père. Tu m'as cassé le nez!

- Youpi! J'ai réussi! lance le garçon.

- Tu as réussi à blesser ton père et il n'y a rien de drôle! s'écrie sa mère.

- Maman, je voulais juste aider papa à changer son mal de place...

POURQUOI L'ÉLÈVE APPORTE-T-IL SES LEÇONS DANS L'AVION?

RÉPONSE : IL VEUT FAIRE DES ÉTUDES SUPÉRIEURES.

POURQUOI LILI NE SORT JAMAIS SANS SES JUMELLES?

RÉPONSE : C'EST QU'ELLE VEUT SE RAPPROCHER DES GENS.

Mon premier est le contraire de maigre.

Mon second est l'action de couper du bois avec une lame tranchante.

Mon tout se dit d'un personnage impoli.

• •

Mon premier est ce qui circule dans ton corps.

Mon second est une boisson qui se boit chaude ou glacée.

Mon tout se dit d'une personne en forme.

Comme si courir un marathon était facile... Un Canadien l'a fait en sautant à la corde! En 2005, il a réussi l'exploit en un peu plus de 4 h 49 min.

Un Américain, lui, a couru le marathon de Philadelphie en 3 h 7 min et 5 s en jonglant avec trois balles! Il a même franchi la ligne d'arrivée avant des milliers de personnes qui, elles, ne jonglaient pas!

Mon premier est le contraire de sous.

On dit que les chats ont sept de mon second.

Mon tout est contraire à la mort.

• •

Mon premier commence à la naissance et se termine à la mort.

Mon deuxième recouvre plus des deux tiers de notre planète.

Mon troisième sert à la fabrication du fromage et du yogourt.

Mon tout est une couleur.

À la ferme, plus une cane est exposée à la lumière du jour, plus elle pondra d'œufs.

Un voleur se fait arrêter pour la quatrième fois. Lorsque le juge le voit entrer au tribunal, il pique une colère.

- Encore vous ici! Je vous avais pourtant dit que je ne voulais plus jamais entendre parler de vous!

- Je m'en souviens et je l'ai dit aux policiers qui m'ont arrêté, mais ils n'ont pas voulu me croire!

- Est-ce que tu ferais une expédition avec moi dans le désert? demande Martin à Éric.

- Jamais! J'ai entendu dire que c'était un endroit mortel.

- Ce n'est pas vrai, réplique Martin. Avec l'équipement approprié et une bonne préparation, c'est l'expérience d'une vie!

- Alors, pourquoi m'a-t-on dit qu'on en revient mort... de soif?

En 2006, dans un hôtel d'Espagne, un homme a joué du piano pendant 64 heures, sans s'arrêter!

Il y a des centaines de mon premier
dans le dictionnaire.

Mon second est le contraire de beau.

Mon tout est une partie du corps.

• •

Mon premier est ce que tu fais avec
ton nez.

Mon second dure 60 minutes.

Mon tout est synonyme d'odeur.

Un escargot dit à un autre :

- Est-ce que tu as une heure à me consacrer?

- Bien sûr... Pourquoi?

- C'est que j'ai un meuble à déplacer. Ça ne prendra que quelques minutes...

QUEL EST LE BÉBÉ ANIMAL LE MOINS MALIN?

RÉPONSE : LE LION SOT (LIONCEAU).

Deux chiens de la campagne viennent se promener en ville avec leur maître. En voyant un parcomètre, l'un d'eux dit :

- J'avais entendu parler des toilettes payantes, mais c'est la première fois que j'en vois une...

• •

Marielle et Nathalie discutent :

- Tu sais, dit Marielle, j'ai décidé d'arrêter de parier. Fini les casinos, les tournois de cartes et les courses de chevaux. J'étais en train de me ruiner!

- Je suis convaincue que tu ne tiendras pas le coup, dit Nathalie. Tu aimes beaucoup trop jouer...

- Je te dis que je tiendrai le coup! Combien veux-tu parier?

Les oreilles du Bélier anglais, une race de lapins rares, sont si longues qu'elles peuvent mesurer 17 cm de large et plus de 70 cm de long! Ces lapins ne peuvent pas sauter et se déplacer comme les autres lapins, car leurs oreilles sont trop encombrantes...

Un enseignant, M. Marc, convoque la mère de Céline à un entretien. Il lui explique :

- Madame, votre petite fille a été très turbulente aujourd'hui, j'en ai perdu la tête... Je l'ai grondé très fort et l'ai privée de récréation.

La fillette qui attend dans un coin de la classe se met alors à ouvrir les armoires et à jeter par terre tout ce qui s'y trouve.

- Arrête ton manège tout de suite! lance la mère.

- Mais maman, je cherche la tête de monsieur Marc...

QUE DIT LE GARÇON QUI PERD SA PREMIÈRE DENT DE LAIT?

RÉPONSE : YOUPI! UNE DE MOINS À LAVER!

- Dominique, peux-tu me dire où est le Manitoba? demande l'enseignante.

- Je vous jure que je ne l'ai pas pris! Vous l'avez peut-être laissé chez vous…

Aux États-Unis, une designer a lancé une collection de vêtements qui combattent la grippe. Le coton est recouvert d'une fine couche d'argent, un antibactérien naturel. Ce nouveau tissu, qui est également antitaches, coûte 10 000 $ le mètre carré!

Un jeune homme qui vient d'obtenir son permis de conduire se rend au travail en voiture. Il est en train d'écouter la radio lorsqu'on interrompt soudainement la programmation pour un bulletin spécial :

- Attention à tous les conducteurs qui se trouvent au centre-ville. Il y a un chauffard qui circule dans le mauvais sens sur la 2e Avenue. Je répète : il y a un chauffard qui circule dans le mauvais sens sur la 2e Avenue.

Le jeune homme prend son téléphone et appelle la station de radio.

- Vous devriez vérifier vos informations avant de faire des annonces. Il n'y a pas une, mais des centaines de voitures qui circulent dans le mauvais sens sur la 2e Avenue...

Presque la moitié de la population adulte ronfle, ce qui explique peut-être pourquoi l'autre moitié ne dort pas...

- Peux-tu me nommer une chose qui existe aujourd'hui, mais qui n'existait pas il y a 10 ans? demande l'enseignant à Frédéric.

- Oui, moi!

• •

Quel est le nom donné à une personne qui se répète continuellement?

Réponse : Une mère.

Une maman dit à sa fille :

- Maude, j'espère que tu prêtes ta luge à ton petit frère.

- Bien sûr maman. Je le laisse la monter et moi je la descends...

•••••••••••••••••••••••••••••••••••

Une petite fille arrive à l'école avec une immense bosse sur la tête.

- Que s'est-il passé? demande sa meilleure amie.

- Je me suis fait piquer par une guêpe, répond la fillette.

- Une guêpe ne peut pas faire une bosse pareille! réplique un autre enfant.

- C'est que mon père avait une pelle...

COMMENT SE TERMINENT LES HISTOIRES QUE RACONTE MAMAN TRUITE À SES BÉBÉS?

RÉPONSE : EN QUEUE DE POISSON.

Un garçon met son casque de hockey pour faire ses devoirs.

— Je sais que tu aimes le hockey, mais tout de même! Tu pourrais enlever ton casque pour faire tes devoirs!

— Maman, mon enseignant a dit qu'il ne fallait surtout pas se casser la tête en faisant nos devoirs…

Les éleveurs de cochons d'Inde au Pérou ont tenu leur concours annuel. Il y avait plusieurs catégories dont le plus gras, le plus beau et le plus rapide. Pour l'occasion, certains étaient même habillés!

Mon premier est ce que tu obtiens en multipliant 10 x 10.

Mon deuxième est une syllabe du mot tibia qui est aussi dans le mot châtiment.

Mon troisième raconte un mensonge.

Mon tout est ce qu'on ressent pour quelqu'un ou quelque chose.

- Peux-tu me donner le nom d'une voiture ultra-puissante? demande une maman à son garçon.

- Oui! Une concorcooper! crie Marco.

- Je ne la connais pas celle-là... C'est quoi cette marque?

- C'est une Mini Cooper avec un moteur de Concorde!

QU'EST-CE QUI FAIT PLAISIR AUX PÊCHEURS, MAIS QUE DÉTESTENT LES JOUEURS DE BASEBALL?

RÉPONSE : LES PRISES.

Mon premier est le résultat de 22 – 12.

Mon deuxième se dit des nombres divisibles par deux.

Mon troisième est la deuxième consonne de l'alphabet.

Mon tout signifie éparpiller.

Mon premier est la partie du bateau qui est située sous le pont.

Mon second est un aliment fait de blé, de levure et d'eau.

Mon tout sert à prendre des notes.

L'éléphant passe, en moyenne,
16 heures par jour à manger. Il dort
debout entre 3 et 5 heures par jour…

Mon premier est la 11e lettre de l'alphabet.

Mon second est ce que font les nouveau-nés après avoir bu leur lait.

Mon tout est une des quatre catégories de cartes dans un jeu.

• •

Un garçon est convaincu que 9 est son chiffre chanceux. Il a 9 ans et il est né le 9 du 9e mois. Le jour de sa première compétition d'athlétisme, il demande à porter le dossard numéro 9 pour lui porter chance. Et il termine la course au 9e rang...

Jessica se rend au salon funéraire pour présenter ses condoléances à son amie qui vient de perdre son grand-père.

- Tu m'as dit que ton grand-père n'allait pas chez le docteur. Comment faisait-il pour se soigner? lui demande-t-elle.

- Mon grand-père était très savant et très à la mode malgré son âge avancé. Lorsqu'il était malade, il posait lui-même les diagnostics et se soignait grâce aux informations qu'il trouvait sur Internet.

- Ah bon! Et de quoi est-il mort?

- D'une erreur typographique. Il a pris 20 pilules au lieu de deux...

Il était une fois, un petit chien plus
brave que méchant. Aux États-Unis,
un chien de 7 kg s'est trouvé nez à
nez avec des visiteurs inattendus dans
sa cour : une ourse et ses deux petits!
Il a jappé si fort que les ours ont pris
la fuite...

- Tu ne vas pas manger cette montagne de pâtes toute seule! s'écrie la mère de Sophie.

- Bien sûr que non, maman. Le pain à l'ail est en train de griller.

....

- Où as-tu appris à si bien nager? demande l'enseignant à Martine.

- Dans l'eau, répond la fillette.

Deux hommes se sont donné pour
mission de sensibiliser les gens au
problème de la pollution des océans par
les déchets qui y sont jetés. Ils sont
partis de la Californie, à destination
d'Hawaï, à bord de leur bateau
construit avec 15 000 bouteilles de
plastique et ils ont parcouru plus de
6 700 km en moins de trois mois!

- Quelle est la définition de l'eau? demande l'enseignante à la petite Annie.

- C'est un liquide transparent, madame, mais quand on se lave les mains dedans, il devient noir...

• •

Deux touristes prennent un bus à deux étages pour la première fois. Par curiosité, l'un d'eux se lève pour aller voir au 2e étage... Lorsqu'il revient à son siège, il chuchote à l'oreille de son ami :

- On a bien fait de rester en bas, il n'y a pas de conducteur en haut!

En 2005, un agriculteur japonais a battu le record de la plus grosse pomme jamais cueillie. Son fruit pesait 1,84 kg.

La même année, un Anglais a
récolté un oignon pesant 7,49 kg!

Mon premier est la 26e lettre de l'alphabet si on commence par la fin...

Mon deuxième est le verbe lire conjugué au présent de l'indicatif, à la 1re personne du singulier.

Mon troisième ne dit pas la vérité.

Mon quatrième est une syllabe du mot pathétique qui n'est pas dans le mot paléolithique.

Mon tout concerne la nourriture.

Les Canadiens consomment en moyenne un peu plus de 25 kg de sucre par année (incluant le sucre raffiné, le miel et le sirop d'érable).

Après un concert de violon, une femme demande à voir la virtuose.

- Bonjour, dit-elle, je suis si contente de te revoir! Cela doit faire au moins 20 ans...

- Mes excuses, mais je ne vous replace pas... répond la violoniste.

- C'est vrai que j'ai pris un peu de poids et je porte des lunettes... Mais toi, tu as gardé ton allure de jeunesse! Tu as un peu maigri et tes cheveux sont plus courts... Ma chère Myriam, tu es magnifique!

- C'est que je m'appelle Mélanie...

- Et tu as changé de nom en plus!

Une artiste canadienne enrobe des insectes de résine colorée pour créer de beaux bijoux. Mesdames et messieurs, portez votre bestiole préférée avec votre tenue de soirée : un scarabée, un joli papillon ou une belle tarentule poilue... Tous les goûts sont dans la nature!

- Combien y a-t-il de saisons dans une année? demande Marco à Jean.

- Deux : celle du baseball et celle du hockey.

À L'ÉCOLE DES INSECTES, QU'EST-CE QUE LA LUCIOLE DIT À LA MOUCHE?

RÉPONSE : LAISSE-MOI T'AIDER, JE SUIS PLUS BRILLANTE QUE TOI...

QUELLE SORTE DE RATS TOLÈRE-T-ON
DANS LES ÉCOLES ET AUTRES ÉDIFICES
PUBLICS?

RÉPONSE : LES RATS DE BIBLIOTHÈQUE.

QUE DIT LE RAISIN À SON VOISIN?

RÉPONSE : RIEN. LES RAISINS NE PARLENT
          PAS.

Un bon livre n'est jamais trop épais.
Un livre ennuyant n'est jamais assez
mince...

Un bon concert n'est jamais trop long.
Un mauvais concert est toujours trop
long...

Mon premier est ce qu'il faut faire avant de planter un arbre en terre.

Mon second est une céréale avec laquelle on fait de la farine et du bon pain!

Mon tout veut aussi dire préoccupé.

TROUVE DEUX LETTRES IMPOLIES.

RÉPONSE : PT (PÉTER).

Excellente source de vitamine C... et trois fois trop sucré! Des chercheurs canadiens ont fait l'examen des aliments préparés qui sont destinés aux enfants. L'étude a révélé que la grande majorité contenait trop de sucre, trop de sel ou trop de gras.

En 2008, un couple de la Colombie-Britannique a célébré la naissance de son 18ᵉ enfant, une fille. Il y a plus de 23 ans de différence entre le plus vieux de leurs enfants et le plus jeune!

Mon premier dure 12 mois.

Mon deuxième est ce que tu brûles dans un feu de camp.

Mon troisième est la 7e lettre de l'alphabet en commençant par la fin.

Mon tout est l'action de faire entrer une chose dans une autre.

• •

Mon premier est le contraire de doux.

Mon second est la 15e consonne de l'alphabet.

Mon tout est synonyme de brutalité.

POURQUOI DES PARENTS ONT-ILS DONNÉ
LE MÊME PRÉNOM À LEURS DEUX FILLES?

RÉPONSE : ON LEUR A DIT QUE DEUX
TÊTES VALENT MIEUX QU'UNE...

PEUX-TU ÉPELER AVEC SEULEMENT DEUX
LETTRES LE NOM DONNÉ AUX
PERSONNAGES MYTHIQUES FÉMININS DES
PEUPLES ANCIENS?

RÉPONSE : DS (DÉESSE).

Le chien de race préféré des
Canadiens est le Golden Retriever.

Un enseignant fait passer un test à ses élèves.

- Je vous dis un mot et il faut me répondre le plus vite possible, explique-t-il.

- C'est moi le plus rapide! lance Philippe.

- Alors épelle-moi le verbe effacer.

- F – A – C, répond Philippe.

- Hum... Voici un autre mot : énergie.

- N – R – J, répond Philippe encore plus vite que la première fois. Un autre! Un autre! C'est moi le plus rapide, je vous l'avais dit!

Il y a tellement de vols sur les chantiers américains qu'un fabriquant d'outils songe à installer des GPS sur certains de ses modèles.

- Tu crois que tu es meilleur que moi en mathématiques? dit Antoine.

- Certainement que je suis fort… surtout en calcul! répond Sam.

- Alors trouve la réponse à ce problème : dans un pré, il y a un fermier, un chien et dix vaches. Combien de pieds cela fait-il en tout?

- C'est facile! Ça fait 46! répond fièrement Sam.

- Non! La réponse est deux, car seulement le fermier a des pieds…

JACOB ET LUCAS
WELLAND, ONTARIO

En Nouvelle-Zélande, on dit qu'il y a
20 moutons pour un habitant.

- Madame, j'ai un problème avec l'acné… dit un élève à son enseignante.

- Ne t'en fais pas… Ça se voit à peine, répond l'enseignante.

- Je n'ai pas dit que j'avais de l'acné! Je veux seulement savoir comment épeler le mot!

UNE DENTISTE JOUE AU GOLF. QUE CRIE-T-ELLE QUAND SA BALLE APPROCHE DU TROU?

RÉPONSE : OUVRE GRAND S'IL TE PLAÎT!

Fais-nous rire!

Envoie-nous ta meilleure blague.
Qui sait? Elle pourrait être publiée dans
un prochain numéro des
100 BLAGUES! ET PLUS...

100 Blagues! Et plus...
Éditions Scholastic
604, rue King Ouest
Toronto (Ontario)
M5V 1E1

Au plaisir de te lire!

Nous nous réservons le droit de réviser,
de modifier, de publier ou d'utiliser
les blagues à d'autres fins, dont la promotion,
sans autre avis ou compensation.

Solutions

Page 19 VRAI OU FOU?

1- Vrai.

2- Fou. Il s'agit d'un jeune qui travaille dans les galeries d'une mine.

3- Fou. C'est un radeau de bois utilisé par des pêcheurs brésiliens sur lequel il y a une petite cabane.